BEI GRIN MACHT SICH IHR
WISSEN BEZAHLT

AF167144

- Wir veröffentlichen Ihre Hausarbeit,
  Bachelor- und Masterarbeit

- Ihr eigenes eBook und Buch -
  weltweit in allen wichtigen Shops

- Verdienen Sie an jedem Verkauf

Jetzt bei www.GRIN.com hochladen
und kostenlos publizieren

Selbstwirksamkeit im Kontext der Gesundheit, Emotion und Motivation. Relevanz und präventives Gesundheitsverhalten

Gina Gorenz

Bibliografische Information der Deutschen Nationalbibliothek:

Die Deutsche Nationalbibliothek verzeichnet diese Publikation in der Deutschen Nationalbibliografie; detaillierte bibliografische Daten sind im Internet über http://dnb.d-nb.de abrufbar.

ISBN: 9783346878670
Dieses Buch ist auch als E-Book erhältlich.

Druck und Bindung: Books on Demand GmbH, Norderstedt Germany
Gedruckt auf säurefreiem Papier aus verantwortungsvollen Quellen

Das vorliegende Werk wurde sorgfältig erarbeitet. Dennoch übernehmen Autoren und Verlag für die Richtigkeit von Angaben, Hinweisen, Links und Ratschlägen sowie eventuelle Druckfehler keine Haftung.

Das Buch bei GRIN: https://www.grin.com/document/1358750

Einsendeaufgabe
Alternative A – Themenkatalog 2022

Abgegeben am: 14.03.2022 im E-Campus der Hochschule

SRH Fernhochschule

Modul: Allgemeine Psychologie II

Studiengang: Wirtschaftspsychologie B. Sc.

von

Gina Gorenz

Studiengang: Wirtschaftspsychologie B. Sc.

Inhaltsverzeichnis

Abkürzungsverzeichnis

Abb.	Abbildung
bspw.	beispielsweise
bzw.	beziehungsweise
ggf.	gegebenenfalls
sog.	sogenannte/r
u.a.	unter anderem
z.B.	zum Beispiel

Abbildungsverzeichnis

Aufgabe 1

Das Modell der Selbstwirksamkeit, auch genannt engl. *self-efficacy beliefs* geht zurück auf den amerikanischen Psychologen Albert Bandura. Innerhalb der kognitiven Psychologie wurde der Begriff verstanden als subjektive Überzeugung einer Person, mittels eigener Kraft erschwerte Situationen oder Herausforderungen und gewünschte Handlungen erfolgreich bewältigen zu können. Schwierige Aufgaben sehen selbstwirksame Menschen eher als Herausforderungen, die gemeistert werden können und seltener als Bedrohungen, die es zu vermeiden gilt. Die Bewältigung einer solchen Aufgabe hängt also nicht nur maßgeblich davon ab, ob Fähigkeiten zur Bewältigung vorliegen, sondern vor allem wie die Person ihr Können subjektiv bewertet. Eine geringe Selbstwirksamkeitserwartung hingegen führt dazu, dass angstmachende Situationen weiter gemieden werden und infolgedessen auch das Durchhaltevermögen sinkt, sowie die Wahrscheinlichkeit unbekannte Herausforderungen in Zukunft aktiv anzugehen. Allgemein ist zu sagen, dass hoch gesteckte Ziele von Menschen mit hoher und ausgeprägter Selbstwirksamkeitserwartung eher Anstoß zu einer Handlung finden sowie resistenter gegen aufkommende Schwierigkeiten und Hürden sind. Die Zielverfolgung erfolgt kontinuierlich trotz schwieriger Umstände und wird dabei nicht außer Acht gelassen sowie mit Enttäuschung konstruktiv umgegangen (Persistenz).[1]

Abb. 1: Das Konzept der Selbstwirksamkeit
Quelle: (*Gesundheitsförderung Schweiz* 2019, S. 5)

Im Rahmen der Forschungen und Untersuchungen seit Beginn der 1960er-Jahre, in denen Bandura vorrangig den Einfluss von menschlichem Verhalten und Denken auf die Gesundheit untersuchte, wird heute als Grundstein der Entstehung der Gesundheitsprävention angesehen. Bandura war vor allem der

---

[1] Vgl. *Schüler* et al. (2020), S. 537., *Franzen* (2021), S. 30-35

Annahme, dass Lernen und eine selbstbezogene Überzeugung eine erhebliche Beeinflussung auf den Menschen haben. Dabei ist es unabhängig davon, ob eine Person auch faktisch im Stande ist eine Handlung ausführen zu können. Lediglich die Überzeugung, etwas aus eigener Kraft heraus zu schaffen, bildet die Grundlage überhaupt eine Herausforderung anzunehmen.

Nicht nur der Bereich der Gesundheitsprävention, sondern auch im Rahmen psychoanalytischer Therapieverfahren etwa bei Ängsten oder Phobien sowie bei sportlichen Leistungen im Rahmen von Wettkämpfen beinhalten Selbstwirksamkeit, die den zentralen Kern von Banduras Social Cognitive Theory (SCT) darstellen.[2]

Nach Bandura (1997) kann Selbstwirksamkeit durch vier verschiedene Bereiche erfolgen bzw. aufgebaut werden:

1. **Eigene Erfahrung (direkte Erfolgserlebnisse):** Positive Erfolgserlebnisse führen auf natürliche Weise zu einer Stärkung des Wirksamkeitsglaubens – dabei stärken Erfolge die Selbstwirksamkeit und Misserfolge schwächen sie. Bei der Bewältigung von vergleichbaren Aufgaben, Handlungen oder Situationen wird den eigenen persönlichen Fähigkeiten in Zukunft eine entsprechende Fähigkeit der Erfüllung, aufgrund vorangegangener Erlebnisse, zugeschrieben.

2. **Beobachtung (indirekte Erfahrung):** Unbekannte Personen, die Erfolg hinsichtlich einer selbst herbei geführten Aktion generieren und eigenen Eigenschaften und Fertigkeiten ähneln, werden ebenfalls als stärkend hinsichtlich der eigenen Selbstwirksamkeit und Fähigkeiten angesehen. Dies schließt auch soziale Vorbilder ein.

3. **Einfluss sozialer Gruppen (symbolische Erfahrung):** Soziale Gruppen können einen positiven oder negativen Einfluss auf die Selbstwirksamkeit haben. Bei wiederkehrender Abwertung anderer wird die Selbstwirksamkeitsüberzeugung nachhaltig geschwächt, bei Ermutigung bestärkt. Verstärkt wird der Effekt noch dadurch, wenn man Zuspruch durch als glaubwürdig eingeschätzte Personen erfährt.

---

[2] Vgl. *Bandura* (1977), S. 191–215; *Bandura* (1993), S. 117–148; *Gesundheitsförderung Schweiz* (2019), S. 5.

4. **Interpretation von Emotionen und körperlichen Empfindungen (emotionale Erregung):** Gerade unter Druck kommt es häufig zu emotionalen Erregungszuständen. Damit einher gehen körperliche Erregungszustände wie feuchte Hände, Händezittern oder Herzrasen. Diese Reaktionen können als Zeichen für ein mögliches Scheitern wahrgenommen werden. Durch spezielle Übungen kann erlernt werden diese Empfindungen neu zu interpretieren, und bspw. als Zeichen freudiger Erregung anzusehen.[3]

In der folgenden Abbildung wird beispielhaft der Einfluss verschiedener Faktoren auf das Selbstwirksamkeitserleben einer Person dargestellt. Dabei gilt, je kräftiger der Pfeil dargestellt ist, desto stärker der Einfluss auf die Selbstwirksamkeit.[4]

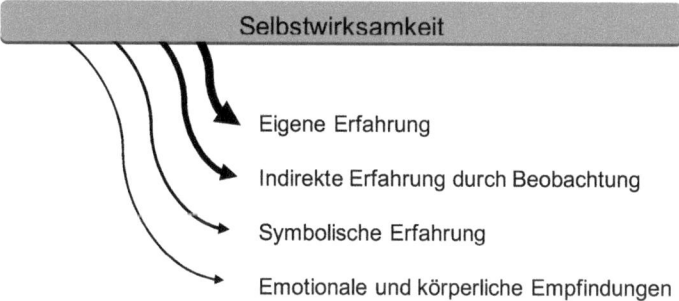

Abb. 2: Einfluss unterschiedlicher Faktoren auf das Selbstwirksamkeitserleben einer Person
Quelle: Eigene Darstellung in Anlehnung an (*Gesundheitsförderung Schweiz* 2019, S. 7)

Das Modell der Selbstwirksamkeit spielt für die Gesundheitsprävention eine bedeutende Rolle. Im Bereich der Gesundheitspsychologie gibt es sog. gesundheitspsychologische Modelle als Erklärungsmodelle für Gesundheitsverhalten. Diese werden genutzt, um entsprechendes gesundheitliches Verhalten zu bestimmen, zu erklären und zu prognostizieren. Wenn von gesundheitsrelevantem Verhalten gesprochen wird, so sind damit immer zwei explizite Aktionen gemeint, die miteinander korrelieren. Zum einen das Ausführen und zum anderen das Unterlassen. Dinge die sich gesundheitserhaltend und fördernd auf unseren Körper und Geist auswirken

---

[3] Vgl. *Franzen* (2021), S. 44-49
[4] Vgl. *Gesundheitsförderung Schweiz* (2019), S. 7.

sollten verstärkt ausgeführt und praktiziert werden. Gegensätzlich verhält es sich bei Verhalten, welches sich schädigend auf die Gesundheit auswirkt und eine Gesunderhaltung gefährdet.[5]

Im Zuge der Forschung von präventivem Gesundheitsverhalten wurden verschiedene Modelle entwickelt. Dazu zählt u.a. nach Bandura (1986) das sozial-kognitive Prozessmodell des Gesundheitsverhaltens. Oft auch bekannt als HAPA-Modell, engl.: Health Action Process Approach. Nach Auffassung dieses Modells wird das Gesundheitsverhalten einer Person maßgeblich geprägt durch die Selbstwirksamkeitserwartung, engl. perceived self-efficacy, und der Handlungsergebniserwartung, engl. outcome expectancies. Entsprechend dazu definiert Schwarzer (2004) den Begriff Selbstwirksamkeitserwartung als „subjektive Gewissheit, neue oder schwierige Anforderungssituationen aufgrund eigener Kompetenz bewältigen zu können."[6]

Grundlegend beschreibt das Bundesministerium für Gesundheit Prävention als „ein Oberbegriff für zielgerichtete Maßnahmen und Aktivitäten, um Krankheiten oder gesundheitliche Schädigungen zu vermeiden, das Risiko der Erkrankung zu verringern oder ihr Auftreten zu verzögern".[7] Dabei lassen sich Präventionsmaßnahmen unterscheiden nach primärer, sekundärer und tertiärer Prävention. Auch in Hinblick der Art kann noch einmal unterteilt werden, und zwar in Verhaltensprävention (individuelles Verhalten) oder Verhältnis-prävention (Lebensverhältnisse). Im Zuge der rasanten Gesellschafts-entwicklung und steigenden Anforderungen, privat als auch beruflich, kommt es nachweislich vermehrt zu Erkrankungen die u.a. auf Stress oder andere gesundheitsbelastende Umstände zurückzuführen sind. Die meisten Krankheiten sind also nicht angeboren, sondern entwickeln sich erst im Laufe des Lebens. Welche Art der Präventionsmaßnahmen Sinn macht hängt maßgeblich von der Phase der drohenden Krankheit ab.

- **Primäre Prävention:** Abwehr von Krankheitsentstehungen, von z.B.: Diabetes mellitus Typ 2, Herz-Kreislauf- sowie seelischen Erkrankungen. In den meisten Fällen kann hier durch gesundheitsfördernde Lebensbedingungen, wie körperliche Aktivitäten, gesunde Ernährung,

[5] Vgl. *Bareiß* et al. (2013), S. 60.
[6] *Rehn* (2019), S. 78.
[7] *Bundesministerium für Gesundheit* (2019).

Entspannungstechniken und Achtsamkeitstrainings eine gesundheits-
bewusste Lebensweise geschaffen werden, die Krankheiten verhindert,
verzögert oder im Verlauf günstig beeinflusst.[8]

- **Sekundäre Prävention:** Früherkennung von Krankheiten. Eine
  frühzeitige Therapie bedingt eine frühe Erkennung. Eine klare
  Abgrenzung je nach Betrachtung ist nicht immer gegeben.

- **Tertiäre Prävention:** Krankheitsfolgen mildern, Verschlimmerung
  abwenden und erneuten Rückfall verhindern. Es ist gleichzusetzen mit
  der medizinischen Rehabilitation.[9]

In der Gesundheitsprävention spielt Selbstwirksamkeit eine besondere Rolle
und lässt sich grundlegend in drei Bereiche unterteilen, die nachweislich
positive Effekte von Selbstwirksamkeit auf die Gesundheit beinhalten.

1. **Körperliche Reaktionen:** Bei Studien zum Thema „Umgang mit Stress"
   konnte belegt werden, dass selbstwirksame Menschen in bedrohlichen
   Situationen einen niedrigeren Blutdruck und ein geringeres Maß an
   ausgeschütteten Stresshormonen aufwiesen, als Versuchsperson deren
   Selbstwirksamkeit eher geringer war. Dies wird vor allem in
   Zusammenhang mit der optimistischen Einschätzung eigener
   Handlungsmöglichkeiten in Verbindung gebracht.

2. **Psychische Gesundheit:** Erfolge werden von selbstwirksamen
   Menschen häufiger den eigenen Kompetenzen und Anstrengungen
   zugeschrieben als auf äußere Umstände. Dies hat zur Folge, dass das
   Selbstwertgefühl gestärkt wird und sich anlehnend daran auf das
   allgemeine Wohlbefinden (Zuversicht) positiv auswirkt. Sie sind der
   Überzeugung, dass unvorhergesehene Geschehnisse und Verhaltensweisen selbst beeinflusst werden können und bleiben somit in
   Stresssituationen ruhig und gelassen, weil sie selbst das Gefühl haben
   die Situation kontrollieren zu können, ohne machtlos zu sein. Die
   gesundheitsfördernde Wirkung ist auch bekannt durch das Konzept der
   internalen Kontrollüberzeugung nach Schwarzer und Jerusalem (2002).

---

[8] Vgl. *Bareiß* et al. (2013), S. 60; *Bundesministerium für Gesundheit* (2019).
[9] Vgl. *Bundesministerium für Gesundheit* (2019).

3. **Gesundheitsverhalten:** Als Schlüssel zu einer gesundheitsfördernden und kompetenten Lebensführung wird Selbstwirksamkeit als positiver Faktor angesehen, da sich die eigene Anstrengung auf diverse Lebensbereiche auswirkt. Hierzu werden neben schulischer Leistung auch die grundlegende Lebensmotivation verstanden. Ein positives Gesundheitsverhalten wird eher und andauernder umgesetzt durch sportliche Betätigung, konsequentes Ernährungsprogramm sowie Vorsorgeuntersuchungen und kontrollierter Alkoholkonsum.[10]

Selbstwirksamkeit prägt sich bereits ab dem Kindesalter aus und lässt sich in allen Lebensphasen stärken und erweitern, vor allem in herausfordernden Zeiten hoher Belastung. Grundlegend wird sie als überdauernder, jedoch veränderbarer Persönlichkeitsfaktor interpretiert. Neben der Selbstwirksamkeit können weitere psychologische Ressourcen als zusätzliche präventive Maßnahmen eingeordnet werden.[11] Allgemein gelten Ressourcen als „Mittel, die prinzipiell für die Bewältigung von Lebensaufgaben, die Erreichung von Zielen oder den Umgang mit Verlusten und Defiziten eingesetzt werden können."[12] Um Ziele zu erreichen oder Aufgaben zu bewältigen dienen psychische Ressourcen, die wiederum kognitive (Intelligenz), emotional-motivationale (Motivation), verhaltensbezogene (Handlungssteuerung) und intrapersonelle Ressourcen (Kontrollüberzeugung) beinhalten. Dabei sind sie wie ökonomische Ressourcen nicht unendlich verfügbar, sondern erschöpflich, jedoch erneuerbar und dienen der Zielerreichung. Die einzelnen Ressourcen bedingen einander und so wurde im Rahmen von arbeitspsychologischen Forschungen zwei grundlegende gesundheitliche Wirkungen untersucht:

- **Der moderierende Effekt:** Stressbedingungen und Stress-reaktionsminderungen werden durch einen besseren Umgang mit vorhandenen Ressourcen erzielt.

- **Der direkte Effekt:** direkte positive Wirkung, unabhängig der Belastung, wird auf die Gesundheit erzielt.

---

[10] Vgl. *Gesundheitsförderung Schweiz* (2019), S. 8.
[11] Vgl. *Gesundheitsförderung Schweiz* (2019), S. 9.
[12] *Reinhardt* (2015), S. 15.

Grundsätzlich werden durch bestehende Ressourcen Belastungsfolgen reduziert sowie eine positive Wirkung auf die Gesundheit durch die Begünstigung von Kompetenzentwicklung, das Selbstwertgefühl und das allgemeine Wohlbefinden realisiert. Diese Doppelfunktion spiegelt die Ressourcenwichtigkeit z.B. auch im betrieblichen Gesundheitsmanagement, genauer der positiven Psychologie.[13] Dieser Bereich der Forschung hat sich erst in den letzten Jahren etabliert. Das Konzept der Selbstwirksamkeit wird als stärkenorientiert angesehen, welches das Potenzial sowie die Möglichkeiten eines Menschen betont. Eine der führenden Vertreterinnen der positiven Psychologie ist die amerikanische Psychologin Barbara L. Fredrickson. Anders als im Bereich der klassischen klinischen Psychologie, in der sich vorrangig mit krankhaften Veränderungen der menschlichen Psyche befasst wird, wird sich im Bereich der positiven Psychologie insbesondere der individuellen Stärken gewidmet. Sie zu fördern und positive Erfahrungen nachhaltig zu erhalten bilden den Forschungsschwerpunkt.[14] Bislang wurde in diesem Kontext in der Forschung und diverser Fachliteratur der Zusammenhang zwischen Persönlichkeit und Gesundheit diskutiert. Sofern individuelle Persönlichkeitseigenschaften als biologisch basierte Unterschiede aufgefasst werden, umso mehr verhärtet sich die kausale Rolle der Persönlichkeit auf die Gesundheit eines Menschen.[15]

- **Kontrollüberzeugung:** Es wird zwischen internaler und externaler Kontrollüberzeugung unterschieden. In Zusammenhang dessen werden u.a. Angst, Depression, suizidale Gedanken und Suizidversuche in Verbindung mit externaler Kontrollüberzeugung gebracht. Im Gegensatz dazu zeigt eine internale Kontrollüberzeugung einen besseren Umgang mit Krankheiten, gesunde Verhaltensweisen und aktive Beteiligung am Genesungsprozess. Bei einer Studie von Amir und Kollegen (1999) konnte die Verbindung von höherer Lebensqualität und internaler Kontrollüberzeugung bewiesen werden.[16]

---

[13] Vgl. *Reinhardt* (2015), S. 15.
[14] Vgl. *Frey* (2016), S. 205; *Deutsche Gesellschaft für Positive Psychologie* (2021).
[15] Vgl. *Becker/Zwank* (2021), S. 25.
[16] Vgl. *Becker/Zwank* (2021), S. 35.

- **Optimismus:** Eine optimistische Grundhaltung und subjektives Wohlbefinden weisen einen hohen positiven Zusammenhang in belastenden Situationen auf. Mit Stress wird so effizienter umgegangen, auch bei schwerwiegenden Krankheiten. Hier erfolgt eine Unterscheidung nach defensivem (Abwehr von Bedrohung) und funktionalem (begünstigende Verhaltensweise zur Gesundheitsförderung) Optimismus. Durch flexible und situationsangemessene Bewältigung wird von einer günstigen Auswirkung auf das Immunsystem ausgegangen. Ebenso ist die Wahrscheinlichkeit von gesundheitsförderndem Verhalten höher. So werden Ernährungsweisen umgestellt, Sport getrieben und soziale Kontakte gepflegt. Auch die starke positive Stimmungslage trägt zu guter Gesundheit bei.[17]

- **Stressbewältigung (Resilienz):** Im Bereich der Stressbewältigung kommt es oft zur Verwendung des Begriffs „Coping", geprägt durch Richard Lazarus. Hierunter zählt die Bewältigung von erlebten Belastungen (intern und extern), die als Übersteigung der eigenen Ressourcen erlebt werden. Die stressbezogene Bewertung hängt von kognitiven Faktoren ab, sog. appriasals ab. Erkennbar ist zudem, dass Frauen einen eher emotionalen Copingstil haben und Männer in Belastungssituationen problemorientiert verarbeiten.[18]

- **Soziales Umfeld und Unterstützung:** Es wird zwischen wahrgenommener und erhaltener Unterstützung unterschieden. Hierunter wird das Ausmaß verstanden, in emotional herausfordernden Situationen Hilfe von anderen zu erhalten. Die empfundene Hilfe kann auch in emotionaler Hinsicht z.B. durch Spenden von Trost erfolgen.[19]

[17] Vgl. *Becker/Zwank* (2021), S. 33.
[18] Vgl. *Becker/Zwank* (2021), S. 26–29.
[19] Vgl. *Frey* (2016), S. 205; *Becker/Zwank* (2021), S. 31.

Aufgabe 2

Das Thema „Emotion" stellt einen existenziellen Anteil allgemeinpsychologischer Themen dar und wird als komplexes und vielschichtiges Konzept angesehen. Der Begriff stammt aus der lateinischen Sprache „movere" und kann übersetzt werden mit „(heraus)bewegen" oder „vertreiben".[20]

Bisher gelang es nicht eine einheitliche und allgemein gültige Definition des Begriffs Emotion festzulegen. Dies wird vor allem erschwert durch die nicht klar abgrenzbaren wissenschaftlichen Kriterien, die eine Emotion von einer anderen unterscheidet und abgrenzt.[21] In vielerlei Hinsicht werden Emotionen mit Gefühlen in Verbindung gebracht oder damit gleichgesetzt. In solch einer Form der Definition ist es allerdings nur bedingt richtig, da es sich im Kern durchaus um Gefühle handelt, jedoch mit einer affektiven Komponente, also einer Bewertung, die positiv oder negativ ausfallen kann. Zudem sind Emotionen situative Erlebnisse, die von dispositionalen Eigenschaften und Fähigkeiten abgegrenzt werden können. Im Vergleich zu Stimmung sind Emotionen eher kürzer anhaltende Zustände mit wertenden Reaktionsmustern auf ein spezifisches Objekt oder Erlebnis.[22]

Hinsichtlich der Gemeinsamkeiten vieler Definitionen wurde jedoch festgestellt, dass sich Emotion auf ein hypothetisches Konstrukt bezieht, dass sowohl komplex als auch mit der Veränderung verschiedener Komponenten einhergeht. Dabei sind physiologische Reaktionen in Form von gesteigerter Herzfrequenz, Schwitzen, Erröten oder Erblassen der Hautfarbe je nach emotionaler Lage beobachtbar. Auch die Veränderungen von Gestik und Mimik, Körperhaltung und -sprache sowie Stimmlage ist sichtbar.[23] Zusammenfassend lassen sich Emotionen also beschreiben als „kurzfristige, unwillkürliche, situative und objektgerichtete affektive Reaktionen [...], die unser Erleben und Verhalten beeinflussen."[24]

---

[20] Vgl. *Jansen* (2018a), S. 9; *Puca* (2021).
[21] Vgl. *Jansen* (2018a), S. 9.
[22] Vgl. *Bak* (2019), S. 146–147.
[23] Vgl. *Puca* (2021).
[24] *Bak* (2019), S. 147.

Die Effekte von Emotionen auf das menschliche Verhalten lässt sich anhand fünf verschiedener Komponenten unterscheiden:

- Erleben – Affektive Komponente
- Ausdruck – Expressive Komponente
- Kognitionen – Kognitive Komponente
- Physiologie – Physiologische Komponente
- Motivation – Motivationale Komponente

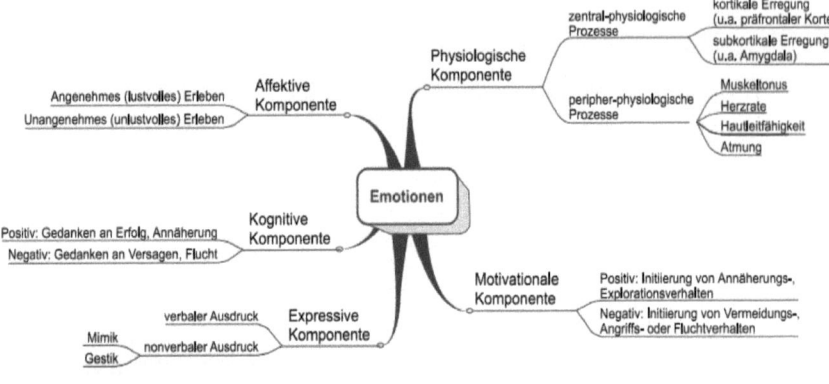

Abb. 3: Mindmap Emotionen
Quelle: (Frenzel et al. 2015, S. 203)

Zunächst haben Emotionen eine **affektive Komponente**, die auf menschliches Verhalten in Form von psychischem Erleben wirkt. Die Kategorisierung einer Situation erfolgt innerhalb der Dimensionen „positiv" (angenehmes Erleben) und „negativ" (unangenehmes Erleben). Sie haben also einen stark wertenden Charakter und werden als Signalgeber angesehen, der Aufschluss über das Empfinden eines Zustandes gibt.

Des Weiteren gibt es die **physiologische Komponente**. Sie wirkt auf biologische Vorgänge im Körper und beeinflusst nicht das Verhalten der Persönlichkeit sowie die resultierende Reaktion, sondern unwillkürlich in Form von automatisierten Körpervorgängen. Abhängig des emotionalen Zustandes kommt es zu körperlichen Prozessen wie bspw. Änderung der Herzrate, Hautleitfähigkeit oder Schwitzen, z.B. bei Furcht als Teil der peripheren Prozesse. Auch innerhalb des zentralen Nervensystems, welches unwillkürlich abläuft, reagieren Bereiche beim Erleben von Emotionen in Form von Erregungsmustern, z.B. der präfrontale Kortex oder Amygdala – also kortikale (zur Gehirnrinde gehörende) und subkortikale (unterhalb der Gehirnrinde liegende) Bereiche. Die hirnpsychologischen Prozesse scheinen zentral insbesondere durch die Amygdala beeinflusst zu werden.[25]

Ebenso gibt es die **kognitive Komponente**. Sie beschreibt die Verknüpfung von emotionalem erleben und einhergehenden emotionsspezifischen Gedankeninhalten, also Kognitionen. Bei gefühlter Angst gehen also Gedanken an mögliche Konsequenzen einher, was schief gehen und passieren könnte. Zudem wird auch die Aufmerksamkeit verändert sowie die grundlegende Art und Weise, das Treffen von Entscheidungen und allgemeine Informationsverarbeitungen. Dabei kommt es zum sog. Kongruenzeffekt, bei dem vorranging Informationen verarbeitet werden, die zur empfundenen Emotion passen. Ebenso wurde festgestellt, dass ein negativer affektiver Zustand eher mit systematischer Informationsverarbeitung einher geht und positive affektive Zustände mit heuristischen (entdeckenden) Informationsverarbeitungen zusammenhängen. Wie eine Emotion empfunden wird, ist schlussendlich das Ergebnis von Attributionsprozessen.[26]

Als vierte Komponente gibt es die **expressive Komponente**, als Teil des Ausdrucks. Hier wird nach verbalem und non-verbalem Ausdruck unterschieden. Eine bestimmte Emotion geht mit gewissem Ausdrucksverhalten einher und macht die Emotion so für den Interaktionspartner sichtbar durch Körperkoordination, Stimmlage, Körperhaltung und Mimik. Bestimmten Basisemotionen wie bspw. Freude, Furcht oder Traurigkeit konnte ein identisches kulturübergreifendes Ausdrucksverhalten nachgewiesen werden, dessen Wurzeln in der biologischen Emotionsentstehung vermutet werden.[27]

Abschließend gibt es die **motivationale Komponente**. Hierunter wird ausgehend von spezifischen Emotionen ein entsprechendes Verhalten ausgelöst. Evolutionspsychologisch wird davon ausgegangen, dass sich in diesem Bereich die Emotionsentstehung von Organismen heraus entwickelt hat. Das wird vor allem dann deutlich, wenn es um überlebensförderliches (adaptives) Verhalten geht, z.B. der Flucht vor dem Säbelzahntiger (fight-or-flight-reaction). Emotionen lösen also Handlungsbereitschaften (action tendencies) aus. So führt u.a. eine wahrgenommene Bedrohung zur Emotion

---

[25] Vgl. *Frenzel* et al. (2015), S. 202; *Bak* (2019), S. 152–153.
[26] Vgl. *Frenzel* et al. (2015), S. 202; *Bak* (2019), S. 153–154.
[27] Vgl. *Frenzel* et al. (2015), S. 202; *Bak* (2019), S. 151.

Angst und diese wiederrum zu Flucht- oder Vermeidungsverhalten. Es wird nach appetitiven und aversiven Motivationssystem unterschieden, wodurch die Verbindung von Motivation und Emotion deutlich hervortritt und eine voneinander losgelöste Betrachtung als unsinnig erscheint.[28]

Diese Effekte lassen sich u.a. im Marketing, z.B. durch Social-Media-Kanäle nutzen. Im Bereich der Konsumentenpsychologie kann durch Emotionseffekte das Konsumentenverhalten beeinflusst werden, obgleich es sich um positive oder negative Emotionen handelt. Die Einflussnahme von Emotionen lässt sich aus dreierlei Hinsichten betrachten:

- Durch Emotionen können sich Unternehmen am Markt positionieren und von Konkurrenz abgrenzen. Die sog. emotionale Differenzierung zielt auf eine bestimmte Assoziation mit einer Marke ab, die folglich eine emotionale oder verhaltensrelevante Reaktion beim Abnehmer hervorruft. Vor allem bei dem gesättigten Markt entsteht so ein Wettbewerbsvorteil, wenn die Umsetzung der Emotionsdifferenzierung in die Unternehmens- und Marketingstrategie verankert ist.[29]
- Marketingstimuli, also emotionale Werbeinhalte wie erotische Darstellungen, weinende oder lachende Kinder lösen bestimmte Emotionen aus. Diese haben affektive und physische Reaktionen zur Folge, wodurch Inhalte umfassender abgerufen und länger im Gedächtnis gespeichert werden. Ebenso kann die emotionale Reaktion auch durch die Ladengestaltung hervorgerufen werden.[30]
- Je nach bewerteter Empfindung gilt eine Emotion als Ursprung des Kaufprozesses und Kaufverhaltens für Güter und Dienstleistungen. Das Konsumentenverhalten wird dadurch beeinflusst.[31]

Der einst neoklassische ökonomische Ansatz des rational handelnden Konsumenten (Homo oeconomicus) entspricht nicht mehr den aktuellen Forschungen, sodass emotionsgesteuertes Marketing (Emotional Marketing) mehr und mehr an Bedeutung im Werbeprozess findet. Es ist zu erkennen, dass Konsumenten Kaufentscheidungen also oftmals impulsiv oder nach

---

[28] Vgl. *Frenzel* et al. (2015), S. 202; *Bak* (2019), S. 155.
[29] Vgl. *Rainer* (2020), S. 16.
[30] Vgl. *Rainer* (2020), S. 16.
[31] Vgl. *Rainer* (2020), S. 17.

16

hedonistischen (freud- und lustvollen) Zielen ausgerichtet treffen. Durch den Einsatz von Bildsprache (Memes), Farben (z.B. Rot – Assoziation Liebe und Leidenschaft), Musik (Werbejingles) und Storytelling (Erzeugung von Sympathie) soll eine emotionale Bindung zum Unternehmen und Produkt erzeugt werden, denn laut Gerald Zaltman treffen 95% aller Kunden ihre Kaufentscheidung unbewusst.[32]

Besonders im Bereich der Social-Media-Kanäle kann eine große Wirkung durch den Einsatz von Emotional Marketing erreicht werden. Durch die zunehmende Vernetzung der Welt und verstärkte Ausrichtung auf Onlinemarketing erhöht sich auch die Chance auf eine Bindung der Kunden durch Emotional Marketing. Social-Media-Kanäle sind also ein grundlegendes Mittel, um seinen Kundenkreis zu erweitern. Hierbei geht es vorrangig darum mit der Zielgruppe in Kontakt zu treten, sie zu pflegen und aufrecht zu erhalten. Zu den bekanntesten zählen Instagram, Facebook, Twitter oder TikTok, aber auch Messenger-Dienste wie WhatsApp und Snapchat oder Media-Sharing-Plattformen wie YouTube.[33] Um eine Interaktion zwischen dem Unternehmen und dem Interessenten zu erzielen eignen sich emotionale Beiträge oder Statements, Gewinne, Aktionen, Geschäftseröffnungen oder Einbindung von Emotionsstimuli. Dies wiederum gibt dem Kunden die Möglichkeit sich mit dem Produkt und der Marke zu identifizieren und in Form von „Gefällt-mir-Klicks" oder Kommentaren unter den Beiträgen ein direktes Feedback zu senden. Auch Postings mit einem Nutzwert, z.B. „pro Einkauf wird ein Teil des Erlöses für eine wohltätige Einrichtung gespendet" schafft emotionale Verbindung.[34]

Die Zielgruppe soll zur Erreichung der Gewinnziele vor allem positive Emotionen empfinden, bspw. durch Liebesgeschichten oder humorvolle Situationen. Aber auch negative Emotionen können für Werbezwecke und Kundenbindungen genutzt werden. Hier kann sich das Unternehmen als „Löser" des Problems präsentieren, denn es konnte festgestellt werden, dass z.B. schockierende oder traurige Bilder eine stärkere Wirkung erzielen, wenn die Werbebotschaft und Handlungsstrategie gut platziert wurde.[35] Ebenso spielt das sog. Netzwerken eine große Rolle. Für gut befundene Produkte werden mit Freunden und Familie geteilt und durch Äußerung der eigenen Erfahrung in der

[32] Vgl. *Ionos* (2020).
[33] Vgl. *Penselin* (2019); *Kreutzer* (2021), S. 2.
[34] Vgl. *Kreutzer* (2021), S. 87.
[35] Vgl. *Penselin* (2019).

Community weiterverbreitet.[36] Konkret lassen sich die Zusammenhänge an einem Beispiel erklären:

Angenommen ein Unternehmen hat sich auf den Verkauf von hochwertiger biologischer, veganer Naturkosmetik spezialisiert, welches damit auf sozialen Netzwerken wirbt pro Verkaufseinheit eine seltene Baumart zu pflanzen. Bei der Umsetzung der Marketingstrategie wurden u.a. Videos bei der Ernte der Kräuter auf dem Feld und Gewinnung der Rohstoffe von regionalen Händlern vorgestellt. Parallel dazu wird ein Vergleichsvideo veröffentlicht, dass bspw. durch die Tierschutzorganisation PETA zeigt, wie handelsübliche Kosmetika an Tieren getestet wird. Hier wirkt Emotional Marketing gleich in zweierlei Hinsicht. Zum einen erfolgt durch das Storytelling eine Verbundenheit zur Region, dem Nachhaltigkeitsaspekt und ruft positive Emotionen hervor. Vor allem weil der Käufer das Gefühl bekommt, durch das Pflanzen eines Baumes, einen wertvollen Beitrag für die Umwelt zu leisten. Zum anderen erzeugt das Vergleichsvideo negative Gefühle wie Wut und Trauer, was den Konsumenten anhaltend in seinen künftigen Kaufentscheidungen beeinflusst. So werden Massenprodukte eher gemieden, durch die abgespeicherten Bilder im Gedächtnis, und auf tierversuchsfreie Kosmetika zurückgegriffen. Dies kann wiederum zu einer hohen Verbreitung durch die Community führen, da es emotional auf beiden Ebenen so polarisiert. Schafft es dann also das Unternehmen dem Interessenten authentisch darzulegen, dass sich von konventionellen Methoden abgewandt wird und ein hervorstechendes Image darzulegen, kann mit einem herausragenden Erfolg der Marketingkampagne gerechnet werden.

---

[36] Vgl. *Kreutzer* (2021), S. 87.

Aufgabe 3

Der Grund, warum Menschen Dinge gern erledigen oder tun und Tätigkeiten ohne empfundene Stressbelastung ausgeführt werden, liegt in der Motivation. Sie ist meist einer Sache oder Person zugrunde liegend, also innen- oder außenliegend beeinflusst. Auf dieser Grundlage wird nach der intrinsischen und extrinsischen Motivation differenziert.[37]

Die **intrinsische Motivation** kann definiert werden als „[...] ein Verhalten stammt aus dem Erleben des Verhaltens selbst oder der Erwartung dieses Erlebens."[38] Die Motivation stammt aus der Tätigkeit selbst, welche Interesse und Neugier in einer Person hervorrufen und dazu bewegen, die Tätigkeit auszuführen. Der Begriff kann von dem englischen Wort „intrinsic" abgeleitet werden, dass übersetzt bedeutet „innewohnend" oder „wahr". Es wird also von der Begrifflichkeit ausgehend schon auf eine Motivationsquelle, die im Inneren liegt, hingewiesen. Als Beispiel kann hier das Lernen für eine Prüfung und die empfundene Sinnhaftigkeit bei intensiver Bemühung mit einer guten Note belohnt zu werden oder das Nachgehen einer körperlichen Tätigkeit wie Tanzen im Verein, bei dem Spaß und Freude im Vordergrund stehen. Die Ausübung der Aktivitäten erfolgt auf der Grundlage, dass sie freudvoll empfunden werden und um die Aktivität selbst geschehen und kein Zusammenhang zu einer Belohnung besteht. Es erfordert keinen äußeren (externen) Steuerungsregler, sodass die gefühlte Stärke der Selbstbestimmung hier ihren höchsten Punkt findet. Zur Messung der intrinsischen Motivation wird das Free-Choice-Paradigma häufig genutzt. Dort kann unter kontrollierten Gegebenheiten der Proband die Tätigkeit selbst und frei wählen und anschließend wird die dafür verwendete Zeit gemessen. Ebenfalls gibt es verschiedene Fragebögen oder die Erlebnis-stichproben-Methode (ESM).[39]

Die **extrinsische Motivation** „[...] stammt aus der Wirkung von Ergebnissen außerhalb des Verhaltens selbst oder der Erwartung dieser Wirkung. Diese Ergebnisse wirken dann als positive (Verstärkung) oder negative (Bestrafung) Anreize.[40] Die Motivation einer Tätigkeit ist instrumentell und dient lediglich dazu ein gezieltes Ergebnis zu erreichen bzw. zu meiden. Es liegen äußere

---

[37] Vgl. *Jansen* (2018b), S. 111.
[38] *Becker* (2019), S. 141.
[39] Vgl. *Jansen* (2018b), S. 111.; 120.
[40] *Becker* (2019), S. 141.

Bedingungen vor, die zu einer Tätigkeit bewegen. Der Begriff kann aus dem Englischen „extrinsic" übersetzt werden mit „von außen wirkend" und „fremd". Dabei erstrecken sich die Bedingungen von materiellen und immateriellen Belohnungen wie Bestrafung oder soziale Beurteilungen in Form von Lob oder Kritik. Es ist nicht das Interesse und Neugier an einer Sache, die zur Ausführung führen, sondern lediglich die Erreichung. Anders als die intrinsische Motivation ist die Motivationsquelle außen liegend. Bei einem Ausbleiben der äußeren Steuerungs- bzw. Motivationsinstrumente wird die Tätigkeit nicht ausgeführt.[41] Als Beispiel kann hier genannt werden, dass eine Person einer Beschäftigung nachgeht, um den Lebensunterhalt zu sichern, aber nicht, weil die Beschäftigung Freude bereitet sowie das Nachgehen einer sportlichen Aktivität, um Gewicht zu verlieren und nicht, weil es der Person Spaß bereitet. Bei der extrinsischen Motivation kann zusätzlich nach Deci und Ryan (1985) vier Stufen unterteilt werden. Zu der selbstbestimmt extrinsischen Motivation gehören die integrierte und identifizierte Motivation. Von der integrierten Motivation ist die Rede, wenn die Tätigkeit mehr als einmal ausgeführt wird und sich eine Gewohnheit einstellt, die in das Leben integriert ist, wie der Name bereits sagt. Die identifizierte Motivation kommt zum Tragen, sobald eine gewisse Notwendigkeit der Handlung Akzeptanz findet. Neben der selbstbestimmten gibt es aber auch die fremdbestimmte extrinsische Motivation. Zum einen die introjizierte Motivation, bei der Angst oder Schamgefühl vermieden oder beseitigt wird und zum anderen die externale Motivation, die schwächste Form der extrinsischen Motivation. Eine Tätigkeit wird nur ausgeführt, durch die Entstehung von Energie infolge äußerer wirkender Belohnungen und Bestrafungen.[42]

Um qualifiziertes Personal zu gewinnen und langfristig im Unternehmen zu binden bieten viele Branchen leistungsgerechte Vergütungen, in Form von variablen Vergütungssystemen an, wie z.B.: Versicherungen oder im öffentlichen Dienst. Das Ergebnis der variablen Vergütungen ist sog. Boni. Sie stellen unangefochten ein wichtiges Konstrukt der Vergütungspolitik dar, doch werden häufig in Frage gestellt. Aktuelle Studien konnten feststellen, dass vor allem das Ziel, welches hinter diesem System der Vergütung steckt, die Steigerung von unternehmerischer Verantwortung von Geschäftsführern und

---

[41] Vgl. *Jansen* (2018b), S. 111.
[42] Vgl. *Steuer* et al. (o. J.).

oberen Führungskräften ist, indem eine Bindung von Unternehmenserfolg und Vergütung hergestellt wird. An Zahlen ist bekannt, dass heutzutage rund 94 % der GmbH-Geschäftsführer und 83 % der Führungskräfte variabel vergütet werden. Im allgemeinen Durchschnitt gesehen, werden 30 % der Geschäftsführer und 19 % der Führungskräfte nach variablen Vergütungssystemen entlohnt. Anhand der Untersuchungsergebnisse der Trendstudie von Kienbaum (2017) ist ersichtlich, dass besonders im Management und außertariflichen Sektor variable Vergütungskomponenten genutzt werden.[43] Ebenso gehen 45 % der Befragten von einer Abnahme der variablen Vergütung aus aufgrund einiger Nachteile, die das System mit sich bringt, jedoch auch Vorteile. Als Nachteil wird zum einen die Förderung von Egoismus und Konkurrenzkampf genannt. Durch eine Stärkung von teambildenden Maßnahmen und Förderung der Zusammenarbeit soll dem entgegengewirkt werden. Ebenso kann sich vor allem bei sensiblen Personen der Anreiz gegenteilig auswirken, da Druck und Spannung den Zielanforderungen zu entsprechen oder zu übertreffen eine Steigerung des eigenen Anspruchs mit sich bringen. Dies führt im weiteren Verlauf zu Demotivation. Zudem besteht die Möglichkeit, das Arbeiten die nicht boniert werden, vernachlässigt werden.[44]

Die Vorteile von variablen Vergütungssystemen sind u.a. Motivationssteigerung durch Gewinnanreiz, Unterstützung der Führungskräfte, Steigerung von Teamorientierung und Mitarbeiterbindung durch die Möglichkeit höherer Verdienstmöglichkeiten und auch Steigerung der Arbeitgeberattraktivität. Ebenso kann es als Kompensations- sowie Finanzierungsinstrument angesehen werden.[45]

In Unternehmen, in denen über mangelnde intrinsische Motivation berichtet wird, bieten sich einige Herangehensweisen zur Verbesserung an. Wie oben beschrieben liegt diese Art der Motivation im inneren der Person und wirkt nach außen in Form von Motivation und der Empfindung von Freude und Spaß an der Arbeit. Es gilt herauszufinden, ob die betreffende Person anhand der Persönlichkeitsmerkmale und Fähigkeiten tatsächlich passend für die besetzte

---

[43] Vgl. *Hülsen* (2019), S. 12.
[44] Vgl. *Hülsen* (2019), S. 13.
[45] Vgl. *Fritz* (o. J.); *Rentrop* (2018).

Vakanz ist oder es sich ein unzutreffendes Menschenbild handelt, die sich aus der Vorstellung der Führung heraus entwickelt hat. Eine kreative Person, die in der Freizeit gern malt, sich aber ausschließlich um die Buchhaltung kümmert, geht ganz offensichtlich nicht in der Tätigkeit auf und ist frustriert. Es gibt keinen Raum, der der Persönlichkeit die Chance gibt, sich zu entfalten, umso produktiv und von innen heraus wirkend zu arbeiten. Ein direktes Gespräch kann hier für Klärung und Veränderung sorgen. Es ist nachgewiesen, dass sich Demotivation um 30 % mindernd auf die Leistung auswirken, demnach ist es äußerst wichtig die Zufriedenheit der Mitarbeiter zu gewährleisten, im beiderseitigen Sinn. Oft handelt es sich um eine Irrung, wenn angenommen wird das äußere Faktoren wie Geld, Freiraum oder Verantwortung die Motivation steigern. Lewin beschreibt anhand seines Rahmenmodells der Mitarbeitermotivation das sowohl das Wechselspiel aus inneren sowie äußeren Einflüssen als Impulsgeber für Motivation gilt. Das bedeutet konkret im Fall einer Person mit mangelnder intrinsischer Motivation, dass besonders auf innere Einflüsse wie Persönlichkeit und geeigneter Positionierung im Unternehmen sowie die Regeneration nach Arbeit und Belastungen eingegangen werden sollte.[46] Neben diesen genannten Punkten gibt es weitere innere Einflüsse, die bei der Arbeitermotivation berücksichtigt werden sollten, z.B.: Emotionen der Mitarbeiter ernst nehmen und ein vertrauensvoller Ansprechpartner sein. Ebenso Optimismus leben, Selbstwirksamkeitserleben fördern und durch Feedback Mitarbeiter stärken. Auch auf Bedürfnisse der Person eingehen, bspw. wenn besagte Person gern in den Morgenstunden Sport treibt eine individuelle Arbeitszeitregelung vereinbaren und eine störungsfreie Freizeit des Mitarbeiters gewährleisten.[47] Der Vorgesetzte sollte sich selbst als Einflussgröße gegenüber dem Mitarbeiter verstehen, auf den er einwirkt. Anlehnend daran haben sich auch drei Modelle in der Praxis herauskristallisiert, um Motivationsquellen zu identifizieren: Die Zwei-Faktor-Theorie, Die Maslowsche Bedürfnispyramide und die sinnzentrierte Motivation. Äußere (extrinsische) Anreize wie Prämien motivieren nur kurzfristig, sodass sich eine stabile und anhaltende Motivation durch Sinnerleben (intrinsisch) wirtschaftlich sowie gesundheitlich langfristig besser ausbildet und festigt..[48]

---

[46] Vgl. *Becker* (2019), S. 35–42.
[47] Vgl. *Becker* (2019), S. 43.
[48] Vgl. *Hinz* (2020).

Literaturverzeichnis

Bak, P. M. (2019), Lernen, Motivation und Emotion. Allgemeine Psychologie II - das Wichtigste, prägnant und anwendungsorientiert, Berlin, Heidelberg.

Bandura, A. (1977), Self-efficacy. Toward a unifyingtheory of behavioral change., Psychological Review, 84. Jg., S. 191–215.

Bandura, A. (1993), Perceived self-efficacy in cognitive development and functioning, Educational Psychologist, 28. Jg., Nr. 2, S. 117–148.

Bareiß, A./Meister, A./Merk, J. (2013), Studienbrief Gesundheits- und Arbeitspsychologie, Riedlingen.

Becker, B./Zwank, J. (2021), Studienbrief Praxisfelder der Differenziellen und Persönlichkeitspsychologie, Riedlingen.

Becker, F. (2019), Mitarbeiter wirksam motivieren. Mitarbeitermotivation mit der Macht der Psychologie, Berlin, Heidelberg.

Bundesministerium für Gesundheit (2019), Prävention, in: https://www.bundesgesundheitsministerium.de/service/begriffe-von-a-z/p/praevention.html, abgerufen am 11. 2. 2022.

Deutsche Gesellschaft für Positive Psychologie (2021), Wie entstand die Positive Psychologie?, in: https://www.dgpp-online.de/anfaenge-positive-psychologie, abgerufen am 15. 2. 2022.

Franzen, K. (2021), Quellen der Selbstwirksamkeitsüberzeugung von Grundschullehrkräften im Kontext inklusiver Erziehung und Bildung, Wiesbaden.

Frenzel, A. C./Götz, T./Pekrun, R. (2015), Emotionen. In: *Wild, E./Möller, J.* (Hrsg.), Pädagogische Psychologie, 2. Aufl., Berlin, Heidelberg, S. 201–224.

Frey, D. (2016), Psychologie der Werte. Von Achtsamkeit bis Zivilcourage - Basiswissen aus Psychologie und Philosophie, Berlin, Heidelberg.

Fritz, S. (o. J.), Variable Vergütung (Bonus, Prämie): Vorteilhaft oder nachteilig?, in: https://www.mit-unternehmer.com/variable-verguetung, abgerufen am 12. 3. 2022.

Gesundheitsförderung Schweiz (2019), Selbstwirksamkeit. Eine Orientierungshilfe für Projekt- und Programmleitende der kantonalen Aktionsprogramme zur Förderung von Selbstwirksamkeit und Lebenskompetenzen, Schweiz.

Hinz, O. (2020), Anreizsysteme. Was motiviert Mitarbeiter am stärksten?, in: https://www.business-wissen.de/artikel/anreizsysteme-was-motiviert-mitarbeiter-am-staerksten/, abgerufen am 8. 3. 2022.

Hülsen, H.-C. von (2019), Variable Vergütung auf dem Rückzug?, Controlling & Management Review, 63. Jg., Nr. 3, S. 8–17.

Ionos (2020), Emotional Marketing, in: https://www.ionos.de/digitalguide/online-marketing/verkaufen-im-internet/emotional-marketing/, abgerufen am 2. 3. 2022.

Jansen, L. (2018a), Studienbrief Emotionen, Riedlingen.

Jansen, L. (2018b), Studienbrief Motivation und Volition, Riedlingen.

Kreutzer, R. T. (2021), Social-Media-Marketing kompakt. Ausgestalten, Plattformen finden, messen, organisatorisch verankern, 2. Aufl., Wiesbaden, Heidelberg.

Penselin, R. (2019), Emotionen im Marketing: Gefühle und Werbung, in: https://www.kundengewinnung-im-internet.com/emotionen-im-marketing-was-gefuehle-mit-werbung-zu-tun-haben/, abgerufen am 2. 3. 2022.

Puca, R. M. (2021), Emotion, in: https://dorsch.hogrefe.com/stichwort/ emotionen, abgerufen am 20. 2. 2022.

Rainer, R. C. (2020), Digital Signage am Point of Sale. Der Einfluss von Emotionen auf das Konsumentenverhalten, Wiesbaden, Heidelberg.

Rehn, J. (2019), Gesunde Gestaltung, Priming- und Placebo-Effekte als gesundheitswirksame empiriegestützte Gestaltungsmethodik, Wiesbaden, Germany.

Reinhardt, R. (2015), Positive Psychologie: Grundlagen, Barrieren und Organisationales Lernen, Riedlingen.

Rentrop, R. (2018), Variable Vergütungssysteme sinnvoll gestalten – Tipps und Tricks für Arbeitgeber, in: https://www.personalwissen.de/ betriebsausgaben/lohn-und-gehalt/variable-verguetungssysteme/, abgerufen am 12. 3. 2022.

Schüler, J./Wegner, M./Plessner, H. (2020), Sportpsychologie, Berlin, Heidelberg.

Steuer, G./Fasching, M./Dresel Augsburg, M. (o. J.), Lern- und Leistungsmotivation I: Grundlagen und Komponenten, in: https:// wuecampus2.uni-wuerzburg.de/moodle/mod/book/tool/print/ index.php?id=322112.

BEI GRIN MACHT SICH IHR WISSEN BEZAHLT

- Wir veröffentlichen Ihre Hausarbeit,
  Bachelor- und Masterarbeit

- Ihr eigenes eBook und Buch -
  weltweit in allen wichtigen Shops

- Verdienen Sie an jedem Verkauf

Jetzt bei www.GRIN.com hochladen und kostenlos publizieren